Impressum
Verlag: BABADADA GmbH, Nedderfeld 112 , 22529 Hamburg
Geschäftsführer / Verlagsleitung: Harald Hof
Druck: Books on Demand GmbH, In de Tarpen 42, 22848 Norderstedt

Imprint
Publisher: BABADADA GmbH, Nedderfeld 112 , 22529 Hamburg, Germany
Managing Director / Publishing direction: Harald Hof
Print: Books on Demand GmbH, In de Tarpen 42, 22848 Norderstedt

scol
σχολείο

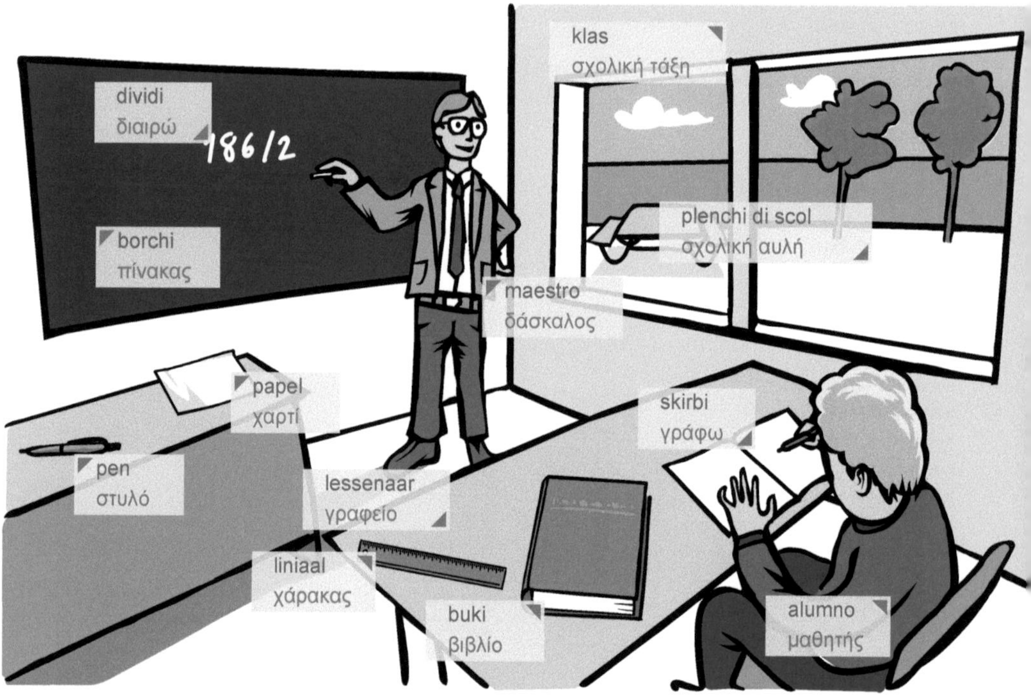

klas
σχολική τάξη
dividi
διαιρώ
186/2
borchi
πίνακας
plenchi di scol
σχολική αυλή
maestro
δάσκαλος
papel
χαρτί
skirbi
γράφω
pen
στυλό
lessenaar
γραφείο
liniaal
χάρακας
buki
βιβλίο
alumno
μαθητής

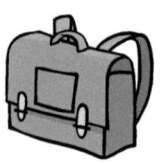

tas di scol

σχολική τσάντα

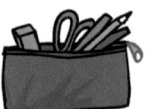

etui

κασετίνα/ μολυβοθήκη

potlood

μολύβι

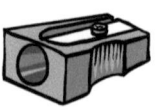

slijper

ξύστρα

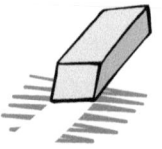

gum

γόμα

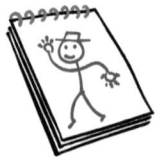

buki di pinta

μπλοκ ζωγραφικής

pintura

ζωγραφική

cuashi

πινέλο

caha di verf

κουτί χρωμάτων

sker

ψαλίδι

lijm

κόλλα

schrift

τετράδιο ασκήσεων

huiswerk

εργασία για το σπίτι

number

αριθμός

suma

προσθέτω

kita

αφαιρώ

multiplica

πολλαπλασιάζω

conta

υπολογίζω

letter

γράμμα

alfabet

αλφάβητο

palabra

λέξη

texto
κείμενο

lesa
διαβάζω

krijt
κιμωλία

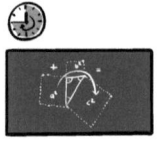

les
μάθημα

klassenboek
εγγράφομαι

examen
τεστ

diploma
πιστοποιητικό

uniform di scol
μαθητική στολή

estudio
εκπαίδευση

enciclopedia
εγκυκλοπαίδεια

universidad
πανεπιστήμιο

microscop
μικροσκόπιο

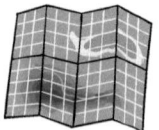

mapa
χάρτης

bari di sushi
καλάθι αχρήστων

scol - σχολείο

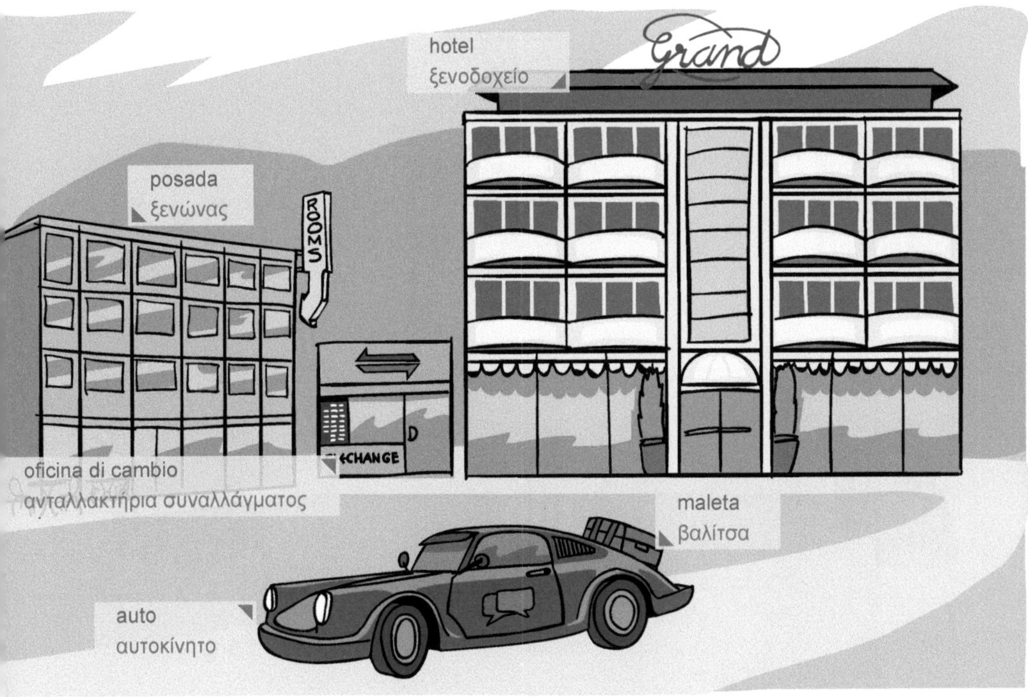

hotel
ξενοδοχείο
Grand
posada
ξενώνας
ROOMS
EXCHANGE
oficina di cambio
ανταλλακτήρια συναλλάγματος
maleta
βαλίτσα
auto
αυτοκίνητο

idioma
γλώσσα

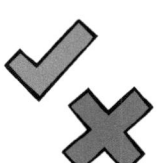

si / no
ναι / όχι

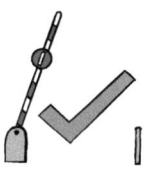

bon
εντάξει

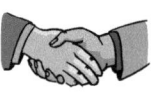

hallo
γεια σου

tolk
μεταφραστής

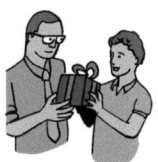

masha danki
Ευχαριστώ

Cuanto esaki ta costa?

πόσο κάνει ;

Mi no ta compronde

Δε καταλαβαίνω

problema

πρόβλημα

bon nochi

Καλησπέρα!

Bon dia!

Καλημέρα!

Bon nochi!

Καληνύχτα!

ayo

Αντίο

direccion

κατεύθυνση

maleta

αποσκευές

handbag

τσάντα

rugtas

σακίδιο πλάτης

huesped

καλεσμένος

camber

δωμάτιο

slaapzak

υπνόσακος

tent

σκηνή

informacion pa turista

τουριστικές πληροφορίες

lama

παραλία

credit card

πιστωτική κάρτα

desayuno

πρωινό

cuminda di merdia

μεσημεριανό

cuminda di anochi

δείπνο

carchi

εισιτήριο

cabe'i boto

ανελκυστήρας

stampia

γραμματόσημο

grens

σύνορα

duana

τελωνείο

embahada

πρεσβεία

visa

βίζα

paspoort

διαβατήριο

avion
αεροπλάνο

bapor
πλοίο

brandspuit
πυροσβεστικό όχημα

bus
λεωφορείο

truck
φορτηγό

oto
ιχανοκίνητο σκάφος

baiskel
ποδήλατο

auto
αυτοκίνητο

ferry

φεριμπότ

boto

βάρκα

brommer

μοτοσικλέτα

auto di polis

περιπολικό

auto di careda

αγωνιστικό αυτοκίνητο

auto di huur

ενοικιαζόμενο αυτοκίνητο

car sharing

διαμοιρασμός αυτοκινήτων

takelwagen

γερανός

dump truck

απορριμματοφόρο

motor

κινητήρας

gasolin

καύσιμο

pomp di gasolin

βενζινάδικο

borchi di trafico

πινακίδα σήμανσης

trafico

κυκλοφορία

fila

κυκλοφοριακή συμφόρηση

parkeerplaats

χώρος στάθμευσης

stacion di trein

σιδηροδρομικός σταθμός

riel

σιδηροδρομικές γραμμές

trein

τρένο

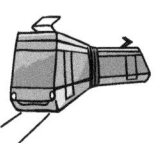

tram

τραμ

wagon

βαγόνι

helicopter

ελικόπτερο

aeropuerto

αεροδρόμιο

toren

πύργος

pasahero

επιβάτης

container

εμπορευματοκιβώτιο

caha di carton

χαρτοκιβώτιο

garoshi

καρότσι

macutu

καλάθι

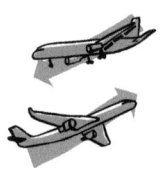

lanta / baha

απογειώνομαι /
προσγειόνομαι

ciudad

πόλη

pueblo

χωριό

centro di ciudad

κέντρο της πόλης

cas

σπίτι

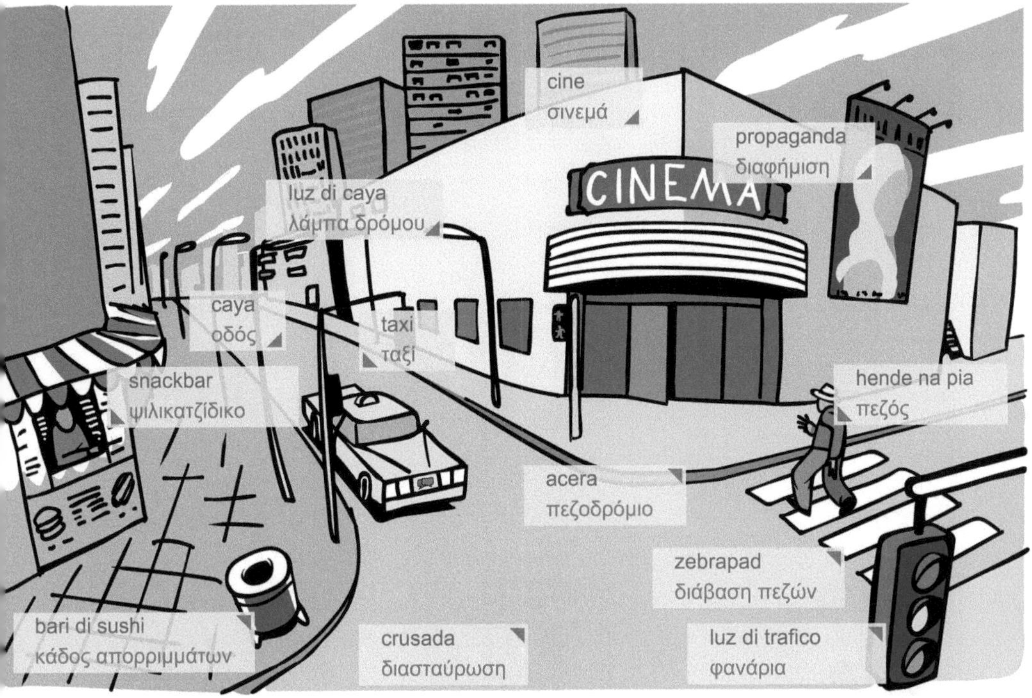
cine
σινεμά
propaganda
διαφήμιση
luz di caya
λάμπα δρόμου
CINEMA
caya
οδός
taxi
ταξί
snackbar
ψιλικατζίδικο
hende na pia
πεζός
acera
πεζοδρόμιο
zebrapad
διάβαση πεζών
bari di sushi
κάδος απορριμμάτων
crusada
διασταύρωση
luz di trafico
φανάρια

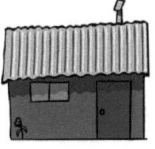

hut

καλύβα

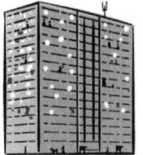

flat

διαμέρισμα

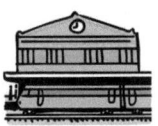

stacion di trein

σιδηροδρομικός σταθμός

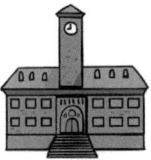

stadhuis

δημαρχείο

MUSEUM

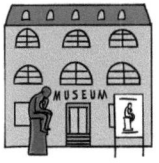

museo

μουσείο

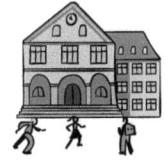

scol

σχολείο

universidad

πανεπιστήμιο

banco

τράπεζα

hospital

νοσοκομείο

hotel

ξενοδοχείο

botica

φαρμακείο

oficina

γραφείο

boekhandel

βιβλιοπωλείο

tienda

κατάστημα

floresteria

ανθοπωλείο

supermarket

σούπερ μάρκετ

mercado

αγορά

department store

πολυκατάστημα

bendedo di pisca

ιχθυοπωλείο

shopping center

εμπορικό κέντρο

haf

λιμάνι

park

πάρκο

banki

παγκάκι

brug

γέφυρα

trapi

σκάλες

metro

μετρό

tunnel

τούνελ

parada di bus

στάση λεωφορείου

bar

μπαρ

restaurant

εστιατόριο

postbox

γραμματοκιβώτιο

borchi di nomber di caya

πινακίδα δρόμου

parkeermeter

παρκόμετρο

parke di bestia

ζωολογικός κήπος

piscina

πισίνα

moskee

τζαμί

ciudad - πόλη

cunucu

αγρόκτημα

polucion

ρύπανση

santana

νεκροταφείο

misa

εκκλησία

speelplaats

παιδική χαρά

tempel

ναός

paisahe

τοπίο

blachi
φύλλο

borchi di direccion
πινακίδα κατεύθυνσης

caminda
δρόμος

sabana
λιβάδι

piedra
πέτρα

palo
δέντρο

keirodo
πεζοπόρος

riu
ποτάμι

yerba
χορτάρι

flor
λουλούδι

vallei
κοιλάδα

sero
λόφος

lago
λίμνη

mondi
δάσος

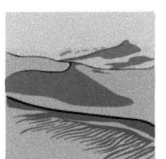

desierto
έρημος

volcan
ηφαίστειο

kasteel
κάστρο

arco iris
ουράνιο τόξο

paddenstoel
μανιτάρι

palma
φοίνικας

sangura
κουνούπι

musca
μύγα

vruminga
μυρμήγκι

bij
μέλισσα

haraña
αράχνη

tor

σκαθάρι

dori

βάτραχος

eekhoorn

σκίουρος

porcospina

σκαντζόχοιρος

coneu

λαγός

shoco

κουκουβάγια

parha

πουλί

zwaan

κύκνος

porco di mondi

αγριογούρουνο

bina

ελάφι

eland

άλκη

dam

φράγμα

molina di biento

ανεμογεννήτρια

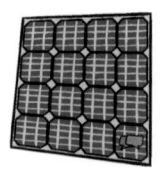

panel solar

ηλιακός συλλέκτης

clima

κλίμα

restaurant

εστιατόριο

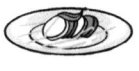

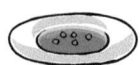

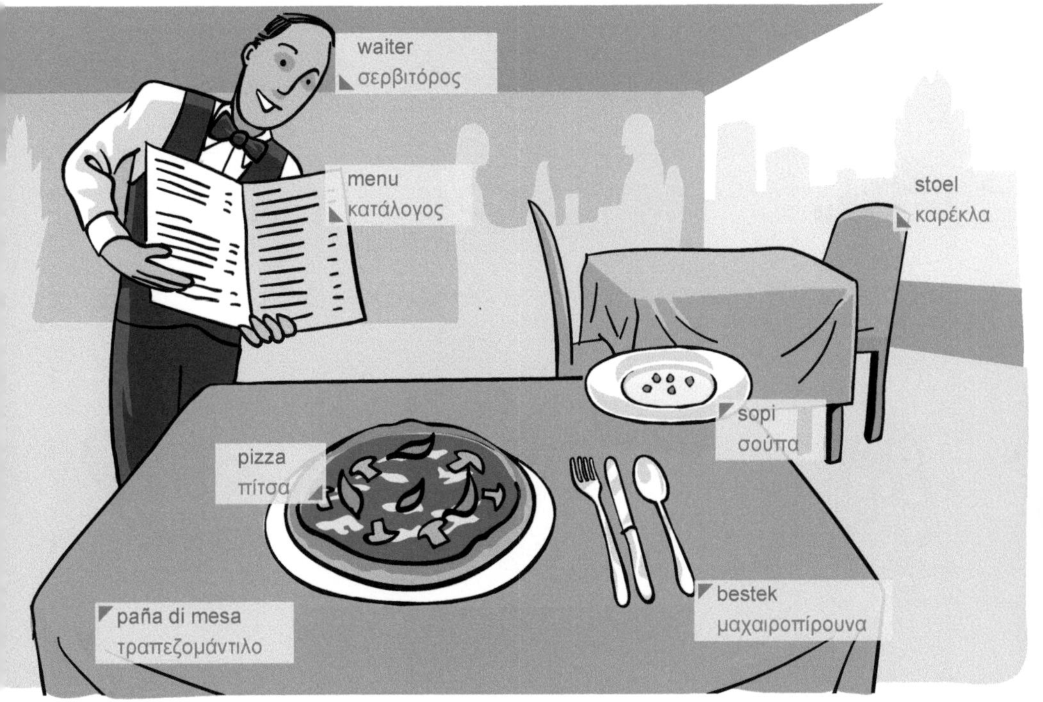
waiter
σερβιτόρος
menu
κατάλογος
stoel
καρέκλα
sopi
σούπα
pizza
πίτσα
paña di mesa
τραπεζομάντιλο
bestek
μαχαιροπίρουνα

aperitivo
ορεκτικό

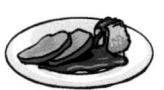

cuminda principal
κύριο πιάτο

dessert
επιδόρπιο

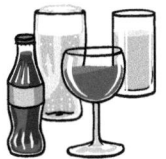

bebida
ποτά

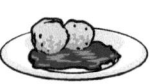

cuminda
φαγητό

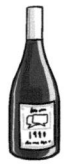

boter
μπουκάλι

fastfood

φαστ φουντ

streetfood

φαγητό στ' όρθιο

canica di te

τσαγιέρα

pochi di sucu

δοχείο ζάχαρης

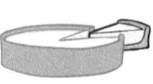

porcion

μερίδα

espressomachine

μηχανή εσπρέσο

stoel di mucha

ψηλή καρέκλα

cuenta

λογαριασμός

hasechi

δίσκος

cuchiu

μαχαίρι

forki

πιρούνι

cuchara

κουτάλι

telep

κουταλάκι του τσαγιού

napkin

πετσέτα φαγητού

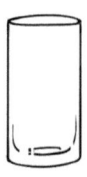

glas

ποτήρι

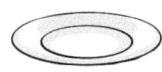

tayo

πιάτο

tayo di sopi

πιάτο σούπας

scoter

πιατάκι φλιτζανιού

saus

σάλτσα

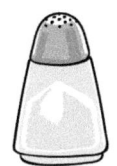

pochi di salo

αλατιέρα

mulina di peper

μύλος για πιπέρι

binager

ξύδι

azeta

λάδι

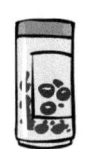

specerij

μπαχαρικά

ketchup

κέτσαπ

mosterd

μουστάρδα

mayonaise

μαγιονέζα

oferta special
προσφορά

cliente
πελάτης

producto lacteo
γαλακτοκομικά προϊόντα

fruta
φρούτα

garoshi di compra
καρότσι για ψώνια

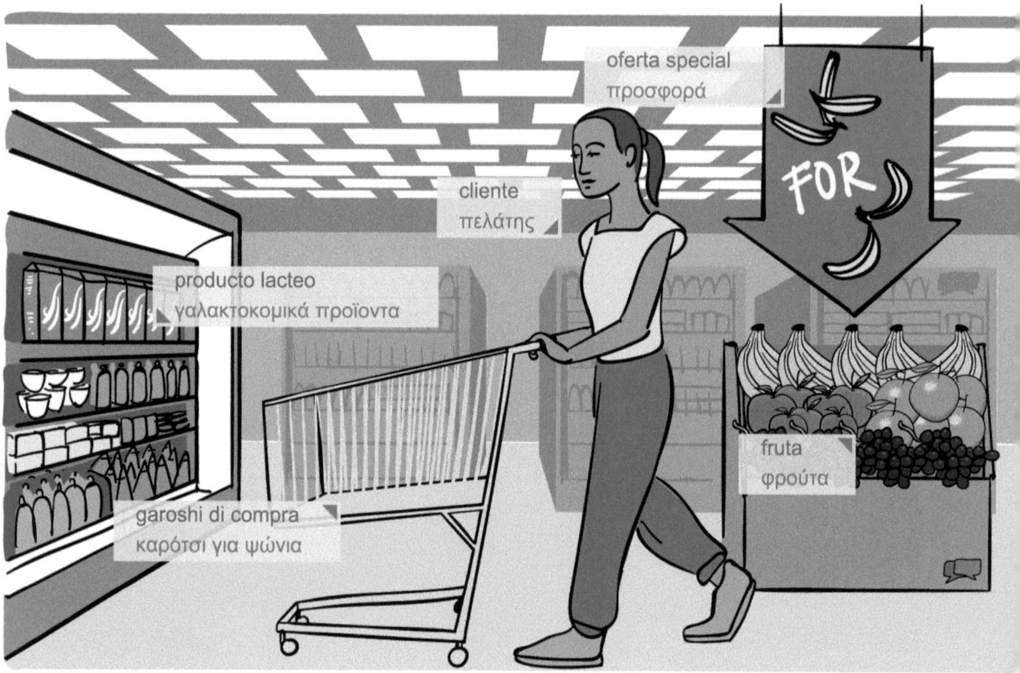

carniceria

κρεοπωλείο

panaderia

φούρνος

pisa

ζυγίζω

berdura

λαχανικά

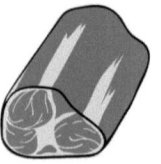

carni

κρέας

frozen food

κατεψυγμένα τρόφιμα

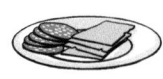

beleg di carni

αλλαντικά

cuminda di bleki

κονσερβοποιημένη τροφή

detergente na puiro

απορρυπαντικό ρούχων

mangel

γλυκά

producto pa cas

οικιακά είδη

articulo di limpiesa

καθαριστικά προϊόντα

bendedo

πωλήτρια

cahero

ταμείο

cahero

ταμίας

lista di compra

λίστα για ψώνια

orario

ωράριο λειτουργίας

cartera

πορτοφόλι

credit card

πιστωτική κάρτα

tas

τσάντα

saco di plastic

πλαστική σακούλα

awa	juice	lechi
νερό	χυμός	γάλα

cola	biña	cerbes
κόκα κόλα	κρασί	μπίρα

alcohol	chocomel	te
αλκοόλ	κακάο	τσάι

koffie	espresso	cappuccino
καφές	εσπρέσο	καπουτσίνο

bacoba

μπανάνα

appel

μήλο

apelsina

πορτοκάλι

milon

πεπόνι

lamunchi

λεμόνι

wortel

καρότο

conoflok

σκόρδο

bambu

μπαμπού

siboyo

κρεμμύδι

mushroom

μανιτάρι

noot

ξηροί καρποί

pasta

νουντλς

spaghetti

μακαρόνια

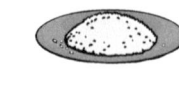

aros

ρύζι

salada

σαλάτα

batata hasa

πατατάκια

batata hasa

τηγανητές πατάτες

pizza

πίτσα

hamburger

χάμπουργκερ

sandwich

σάντουιτς

cutlet

κοτολέτα

ham

ζαμπόν

salami

σαλάμι

soseishi

λουκάνικο

galiña

κοτόπουλο

hasa

ψητό

pisca

ψάρι

papa

χυλός βρώμης

müsli

μούσλι

cornflakes

κορν φλέικς

hariña

αλεύρι

croissant

κρουασάν

pan rondo

ψωμάκι

pan

ψωμί

toast

τοστ

cuki

μπισκότα

manteca

βούτυρο

kwark

τυρόπηγμα

bolo

κέικ

webo

αυγό

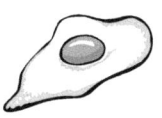

webo hasa

τηγανητό αυγό

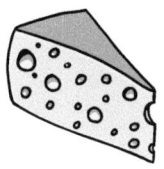

keshi

τυρί

cuminda - φαγητό

ijscream

παγωτό

sucu

ζάχαρη

honing

μέλι

jam

μαρμελάδα

pasta di chuculati

άλλειμμα σοκολάτας

curry

κάρυ

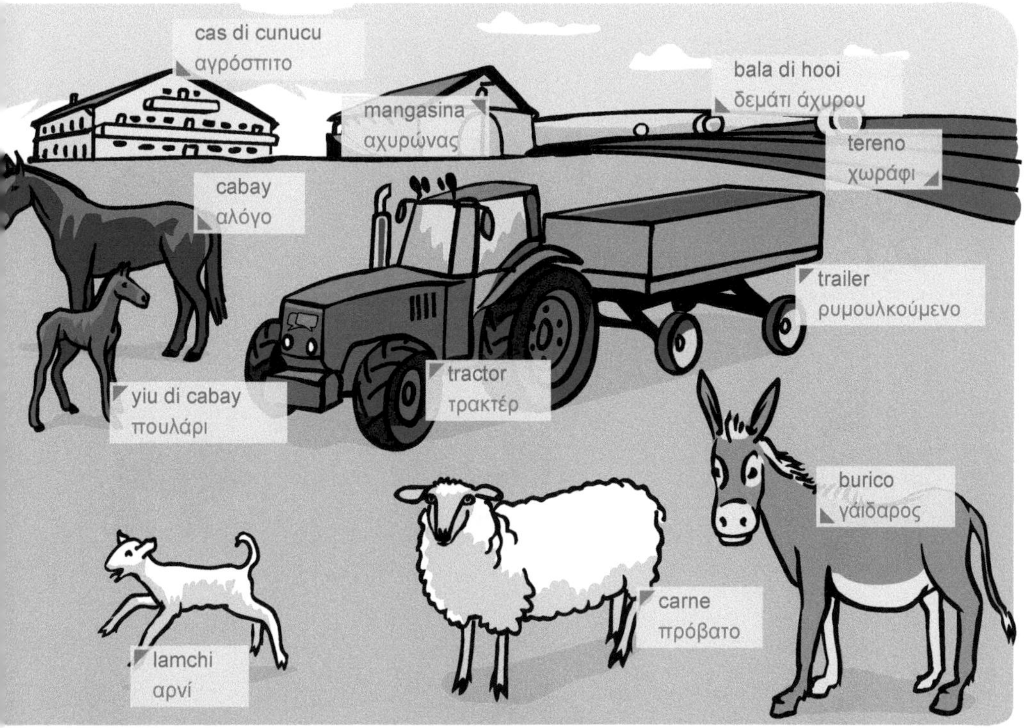

cas di cunucu
αγρόσπιτο

bala di hooi
δεμάτι άχυρου

mangasina
αχυρώνας

tereno
χωράφι

cabay
αλόγο

trailer
ρυμουλκούμενο

yiu di cabay
πουλάρι

tractor
τρακτέρ

burico
γάιδαρος

carne
πρόβατο

lamchi
αρνί

cabrito

κατσίκα

baca

αγελάδα

bishe

μοσχαράκι

porco

γουρούνι

yiu di porco

γουρουνάκι

toro

ταύρος

gans
χήνα

pato
πάπια

puyito
κοτοπουλάκι

galiña
κότα

gay
κόκορας

djaca
αρουραίος

pushi
γάτα

raton
ποντίκι

toro
βόδι

cacho
σκύλος

cas di cacho
σπιτάκι σκύλου

slang pa muha mata
λάστιχο κήπου

gieter
ποτιστήρι

herment pa corta yerbe
θεριστήρι

ploeg
αλέτρι

garabati

δρεπάνι

chapi

τσάπα

forki pa coy hooi

δίκρανο

hacha

τσεκούρι

garetia

χειράμαξα

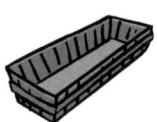

pesebre

ταΐστρα

canica di lechi

δοχείο γάλακτος

saco

σάκος

heki

φράχτης

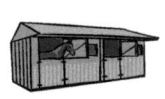

stal

στάβλος

greenhouse

θερμοκήπιο

suela

έδαφος

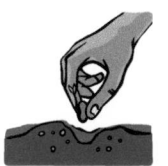

simia

σπόρος

mest

λίπασμα

mashin di cosecha

θεριζοαλωνιστική μηχανή

cosecha

θερίζω

cosecha

συγκομιδή

yams

γιαμς

trigo

σιτάρι

soya

σόγια

batata

πατάτα

maishi

καλαμπόκι

canola

κράμβη

palo di fruta

οπωροφόρο δέντρο

yuca

μανιόκα

grano

δημητριακά

cas

σπίτι

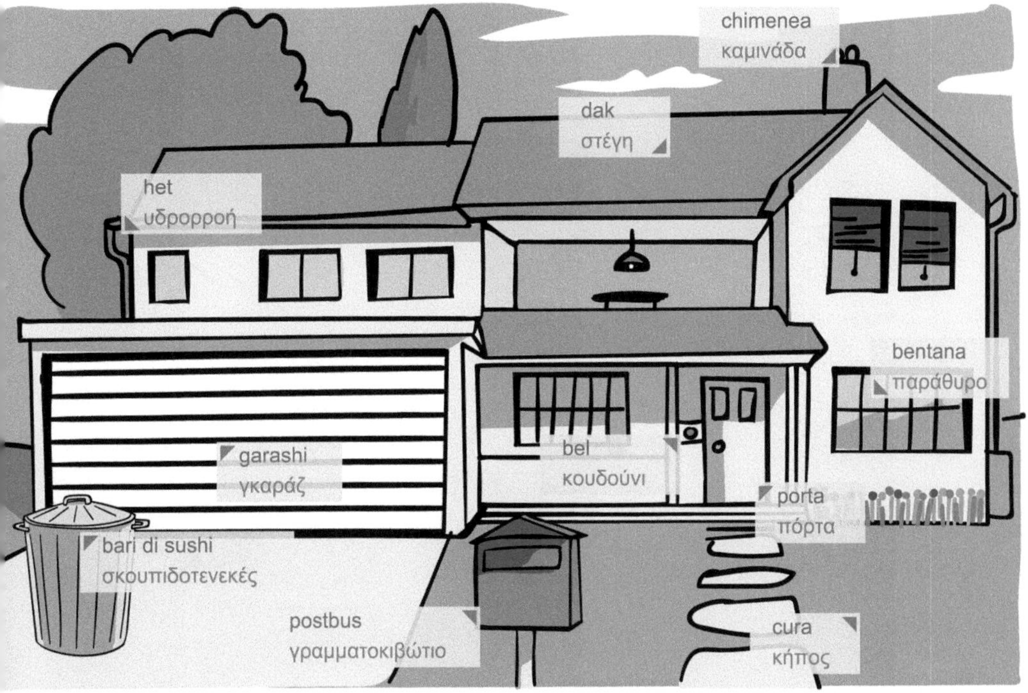

chimenea
καμινάδα
dak
στέγη
het
υδρορροή
bentana
παράθυρο
garashi
γκαράζ
bel
κουδούνι
porta
πόρτα
bari di sushi
σκουπιδοτενεκές
postbus
γραμματοκιβώτιο
cura
κήπος

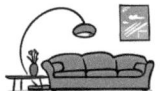

sala

σαλόνι

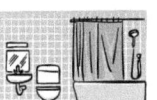

baño

μπάνιο

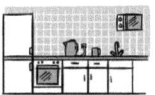

cushina

κουζίνα

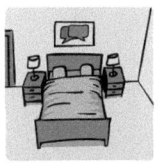

camber

υπνοδωμάτιο

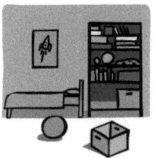

camber di mucha

παιδικό δωμάτιο

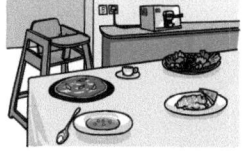

comedo

τραπεζαρία

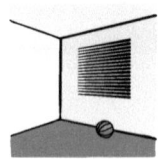

suela
πάτωμα

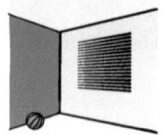

muraya
τοίχος

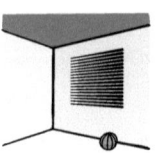

blafon
οροφή

bodega
κελάρι

sauna
σάουνα

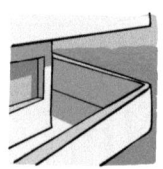

balcon
μπαλκόνι

terasa
βεράντα

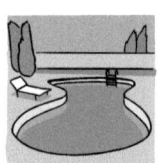

piscina
πισίνα

mashin di corta yerba
μηχανή του γκαζόν

laken
σεντόνι

bedsprei
κάλυμμα κρεβατιού

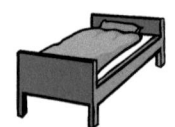

cama
κρεβάτι

basora
σκούπα

hemchi
κουβάς

switch
διακόπτης

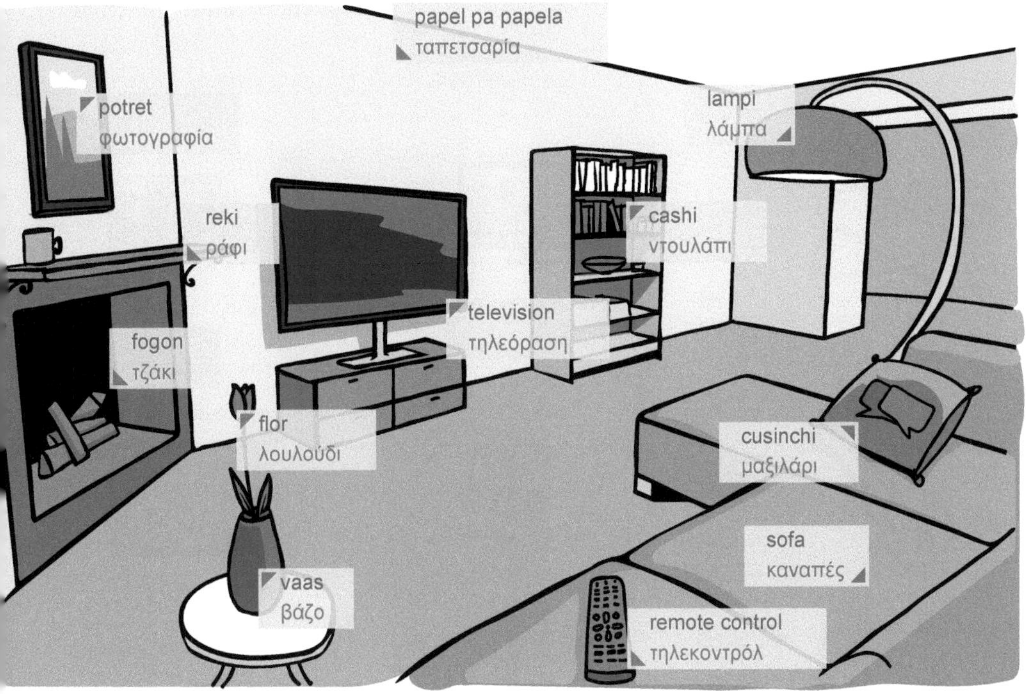

papel pa papela
ταπετσαρία

potret
φωτογραφία

lampi
λάμπα

reki
ράφι

cashi
ντουλάπι

fogon
τζάκι

television
τηλεόραση

flor
λουλούδι

cusinchi
μαξιλάρι

sofa
καναπές

vaas
βάζο

remote control
τηλεκοντρόλ

tapijt

χαλί

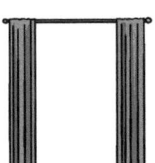

cortina

κουρτίνα

mesa

τραπέζι

stoel

καρέκλα

stoel di zoya

κουνιστή πολυθρόνα

stoel

πολυθρόνα

buki

βιβλίο

dekel

κουβέρτα

decoracion

διακόσμηση

palo pa kima

καυσόξυλα

film

ταινία

stereoset

στερεοφωνικό σύστημα

yabi

κλειδί

corant

εφημερίδα

cuadra

πίνακας ζωγραφικής

poster

αφίσα

radio

ραδιόφωνο

blocnote

σημειωματάριο

stofzuiger

ηλεκτρική σκούπα

cadushi

κάκτος

bela

κερί

cushina
κουζίνα

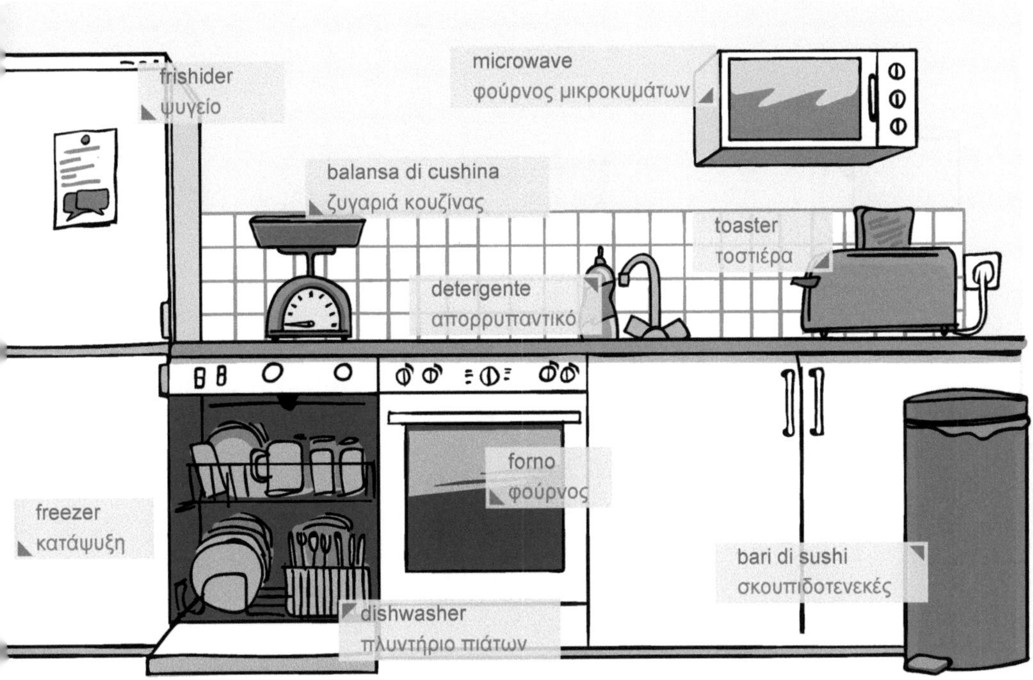

frishider
ψυγείο
microwave
φούρνος μικροκυμάτων
balansa di cushina
ζυγαριά κουζίνας
toaster
τοστιέρα
detergente
απορρυπαντικό
forno
φούρνος
freezer
κατάψυξη
bari di sushi
σκουπιδοτενεκές
dishwasher
πλυντήριο πιάτων

stoof
....
κουζίνα

wea
....
κατσαρόλα

wea di hero
....
μαντεμένια κατσαρόλα

wok
....
γουόκ/καντάι

planchi
....
τηγάνι

ketel
....
βραστήρας

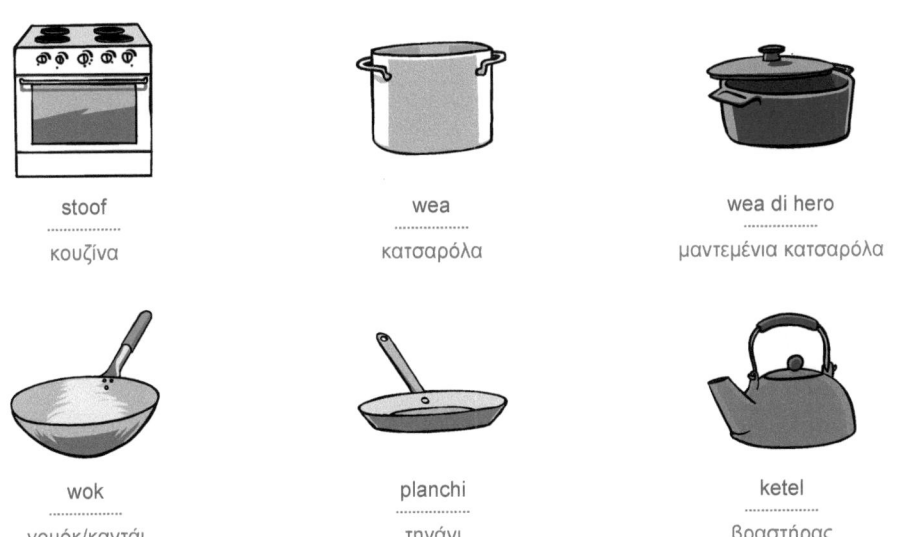

steamer

ατμομάγειρας

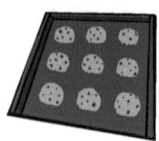

teblachi pa horna

ταψί

servies

πιατικά

beker

κούπα

conchi

μπολ

chopstick

ξυλάκια

cuchara di sopi

κουτάλα

spatula

σπάτουλα

garde

ανακατεύω

scurido

σουρωτήρι

colado

σουρωτηράκι

raspa

τρίφτης

fenso

γουδί

barbecue

ψησταριά

candela

ανοιχτή φωτιά

planki pa corta

σανίδα κοπής

rostok

πλάστης

kurkentrek

ανοιχτήρι φελλών

bleki

κονσέρβα

cos di habri bleki

ανοιχτήρι κονσέρβας

pannenlap

γάντι φούρνου

wasbak

νεροχύτης

skeiro

βούρτσα

spons

σφουγγάρι

blender

μπλέντερ

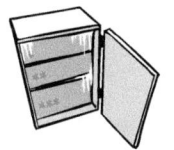

freezer

καταψύκτης

tetero

μπιμπερό

cranchi

βρύση

baño

μπάνιο

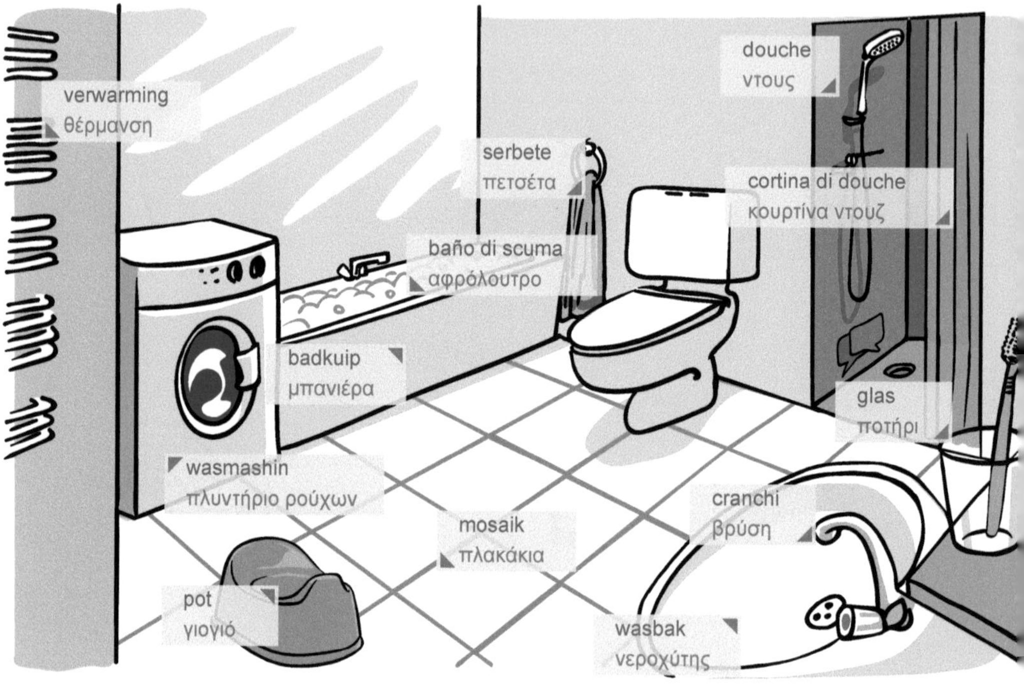

verwarming
θέρμανση
douche
ντους
serbete
πετσέτα
cortina di douche
κουρτίνα ντουζ
baño di scuma
αφρόλουτρο
badkuip
μπανιέρα
glas
ποτήρι
wasmashin
πλυντήριο ρούχων
cranchi
βρύση
mosaik
πλακάκια
pot
γιογιό
wasbak
νεροχύτης

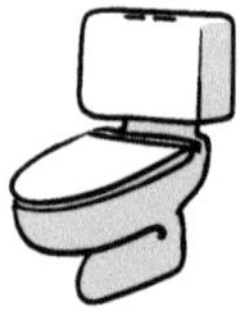

tualet

τουαλέτα

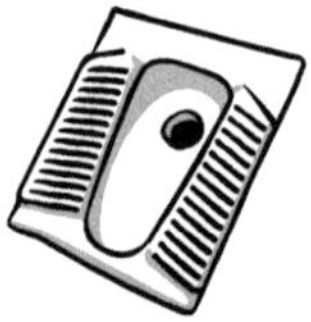

hurktoilet

τούρκικη τουαλέτα

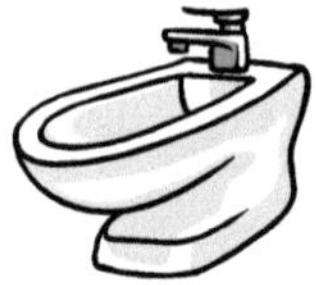

bidet

μπιντές

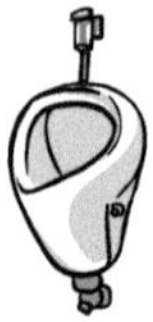

urinal

ουρητήριο

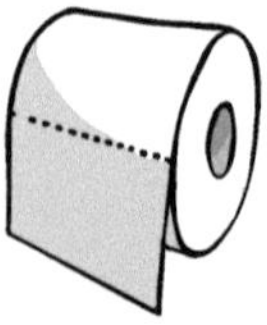

papel di w.c.

χαρτί υγείας

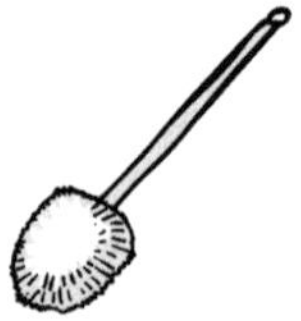

skeiro di w.c.

πιγκάλ

skeiro di djente

οδοντόβουρτσα

pasta di djente

οδοντόκρεμα

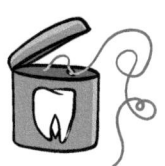

dental floss

οδοντικό νήμα

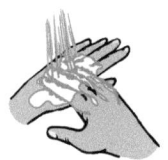

laba

πλένω

douche di man

τηλέφωνο ντους

bidet

ντουσιέρα

tobo

λεκάνη

skeiro

βούρτσα πλάτης

habon

σαπούνι

shower gel

αφρόλουτρο

shampoo

σαμπουάν

washandje

φανέλα

drain

σιφόνι

crema

κρέμα

desodorante

αποσμητικό

spiel

καθρέφτης

spiel di man

καθρέφτης χειρός

blet

ξυραφάκι

shaving foam

αφρός ξυρίσματος

aftershave

αφτερσέιβ

peña

χτένα

skeiro

βούρτσα

blower

σεσουάρ

spray pa cabey

λακ

makeup

μακιγιάζ

lipstick

κραγιόν

cos di pinta huña

βερνίκι νυχιών

catuna

βαμβάκι

sker pa corta huña

ψαλίδι νυχιών

perfume

άρωμα

tas
νεσεσέρ

kruk
σκαμπό

balansa
ζυγαριά

bata
μπουρνούζι

handschoen
ελαστικά γάντια

tampon
ταμπόν

kotex
πετσέτα υγιεινής

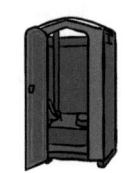

wc kimico
χημική τουαλέτα

baño - μπάνιο

camber di mucha
παιδικό δωμάτιο

wekker
ξυπνητήρι
peluche
λούτρινο ζωάκι
auto di hunga
αυτοκινητάκι
maraca
κουδουνίστρα
cas di popchi
κουκλόσπιτο
regalo
δώρο

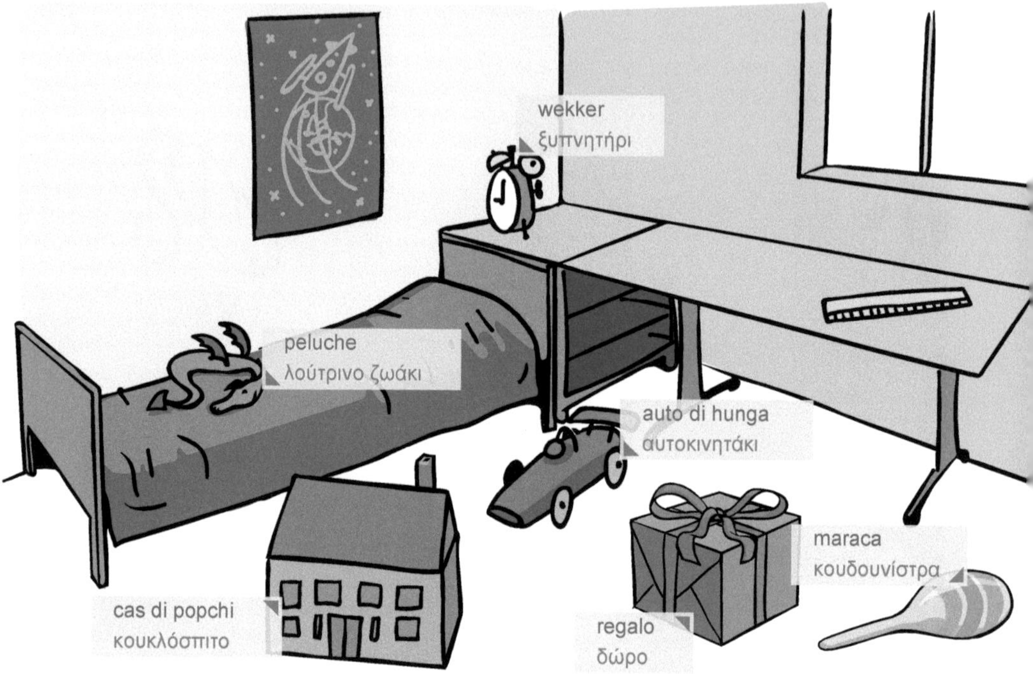

blaas
μπαλόνι

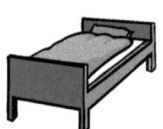

cama
κρεβάτι

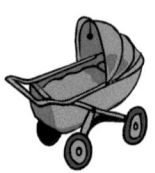

stroller
καροτσάκι

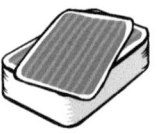

baraha di carta
τράπουλα

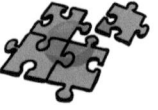

puzzel
παζλ

comic
κόμικς

lego

τουβλάκια lego

bloki di hunga

τουβλάκια κατασκευών

figura di accion

φιγούρα δράσης

romper

βρεφικό φορμάκι

frisbee

φρίσμπι

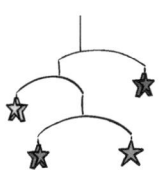

mobil

μόμπιλο

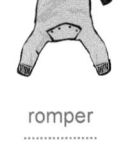

wega di mesa

επιτραπέζιο παιχνίδι

dou

ζάρια

set di trein

σετ τρενάκι

chupon

πιπίλα

fiesta

πάρτι

buki di prenchi

εικονογραφημένο βιβλίο

bala

μπάλα

popchi

κούκλα

hunga

παίζω

zandbak

σκάμμα με άμμο

zoya

κούνια

cos di hunga

παιχνίδια

videogame

κονσόλα βιντεοπαιχνιδιών

tricycle

τρίκυκλο

beer

αρκουδάκι

cashi di paña

ντουλάπα

paña

ρούχα

mea

κάλτσες

mea

καλτσοδέτες

pantyhose

καλσόν

sjaal
κασκόλ

paraplu
ομπρέλα

T-shirt
μπλουζάκι

faha
ζώνη

boots
μπότες

slof
παντόφλες

keds
αθλητικά παπούτσια

sandalia	sapato	laars di rubber
σανδάλια	παπούτσια	γαλότσες
carsonsio	bh	flanel
εσώρουχο	σουτιέν	φανέλα

body

σώμα

carson

παντελόνι

jeans

τζιν παντελόνι

saya

φούστα

blusa

μπλούζα

camisa

πουκάμισο

sweater

πουλόβερ

sweater

πουλόβερ

blazer

σακάκι

jacket

μπουφάν

jas

παλτό

regenjas

αδιάβροχο πανωφόρι

flus

κοστούμι

shimis

φόρεμα

shimis di bruid

νυφικό

flus
κοστούμι

yapon
νυχτικό

pidjama
πιτζάμες

sari
σάρι

lenso di cabes
μαντήλι

turban
τουρμπάνι

burqa
μπούρκα

kaftan
καφτάνι

abaya
μουσουλμανικό ένδυμα

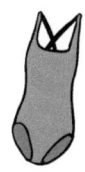

zwempak
ολόσωμο μαγιό

zwembroek
ανδρικό μαγιό

carson cortico
σορτς

trainingspak
αθλητική φόρμα

lantera
ποδιά

handschoen
γάντια

boton

κουμπί

bril

γυαλιά

armband

βραχιόλι

cadena

περιδέραιο

renchi

δαχτυλίδι

renchi di horea

σκουλαρίκι

pechi

καπέλο

kapstok

κρεμάστρα

sombre

καπέλο

dashi

γραβάτα

ziper

φερμουάρ

helm

κράνος

guiel

τιράντες

uniform di scol

μαθητική στολή

uniform

στολή

paña - ρούχα

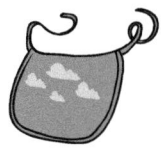

babado

σαλιάρα

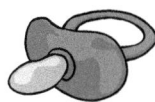

chupon

πιπίλα

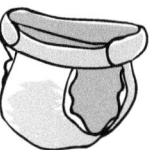

bruki

πάνα

oficina
γραφείο

server
σέρβερ
filekast
αρχειοθήκη
printer
εκτυπωτής
papel
χαρτί
pantaya
οθόνη
mouse
ποντίκι
lessenaar
γραφείο
map
ντοσιέ
keyboard
πληκτρολόγιο
stoel
καρέκλα
bari di sushi
καλάθι αχρήστων
computer
υπολογιστής

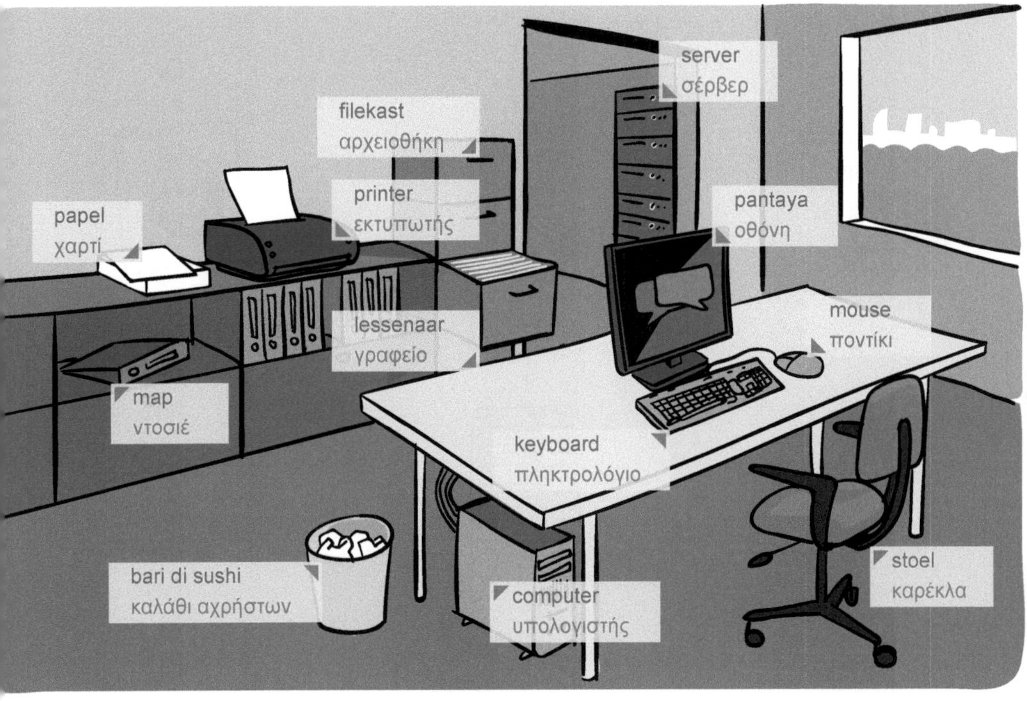

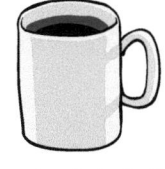

copi pa bebe koffie

κούπα του καφέ

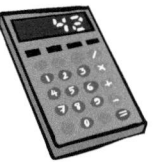

calculator

κομπιουτεράκι

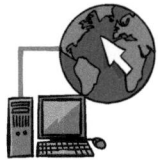

internet

ίντερνετ

laptop

λάπτοπ

carta

γράμμα

mensahe

μήνυμα

celular

κινητό

red

δίκτυο

mashin di copia

φωτοτυπικό μηχάνημα

software

λογισμικό

telefon

τηλέφωνο

stopcontact

πρίζα

fax mashin

συσκευή φαξ

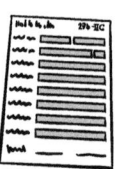

formulario

έντυπο

documento

έγγραφο

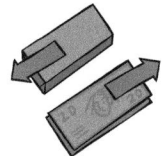

cumpra

αγοράζω

paga

πληρώνω

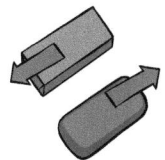

negosha

συναλλάσσομαι

placa

χρήματα

dollar

δολάριο

euro

ευρώ

yen

γιεν

roebel

ρούβλι

frank suiso

ελβετικό φράγκο

yuan renminbi

ρενμίνμπι γιουάν

roepi

ρουπία

bancomatico

ΑΤΜ (αυτόματη ταμειακή μηχανή)

oficina di cambio

ανταλλακτήρια συναλλάγματος

oro

χρυσός

plata

ασήμι

azeta

πετρέλαιο

energia

ενέργεια

prijs

τιμή

contract

συμβόλαιο

impuesto

φόρος

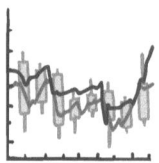

share

μετοχή

traha

δουλεύω

empleado

υπάλληλος

dunado di trabou

εργοδότης

fabrica

εργοστάσιο

tienda

κατάστημα

ofishi / profesion
επαγγέλματα

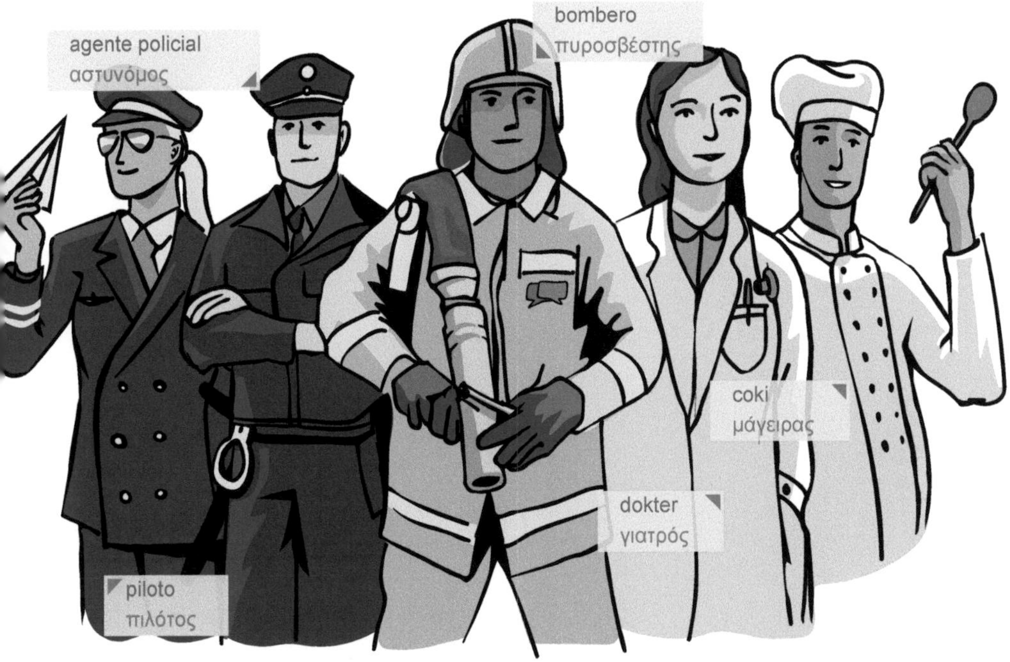

agente policial
αστυνόμος
bombero
πυροσβέστης
coki
μάγειρας
dokter
γιατρός
piloto
πιλότος

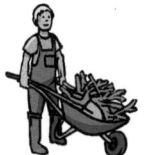

hardinero

κηπουρός

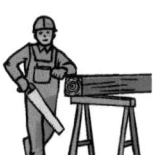

carpinte

ξυλουργός

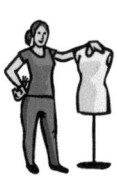

cosedo

μοδίστρα

hues

δικαστής

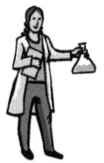

kimico

χημικός

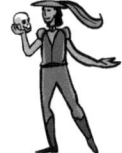

actor

ηθοποιός

chauffeur di bus

οδηγός λεωφορείου

chauffeur di taxi

ταξιτζής

piscado

ψαράς

hende cu ta haci cas limpi

καθαρίστρια

drechado di dak

τεχνίτης στεγών

waiter

σερβιτόρος

jaagdo

κυνηγός

verfdo

ζωγράφος

panadero

αρτοποιός

electricista

ηλεκτρολόγος

trahado den construccion

οικοδόμος

ingeniero

μηχανολόγος

carnicero

κρεοπώλης

loodgieter

υδραυλικός

partido di carta

ταχυδρόμος

solda
στρατιώτης

arkitecto
αρχιτέκτονας

cahero
ταμίας

florista
ανθοπώλης

pelukero / pelukera
κομμωτής

controlado di ticket
ελεγκτής εισιτηρίων

mecanico
μηχανικός

capitan
καπετάνιος

dentista
οδοντίατρος

cientifico
επιστήμονας

rabbi
ραβίνος

imam
ιμάμης

monk
μοναχός

pastor
ιερέας

herment
εργαλεία

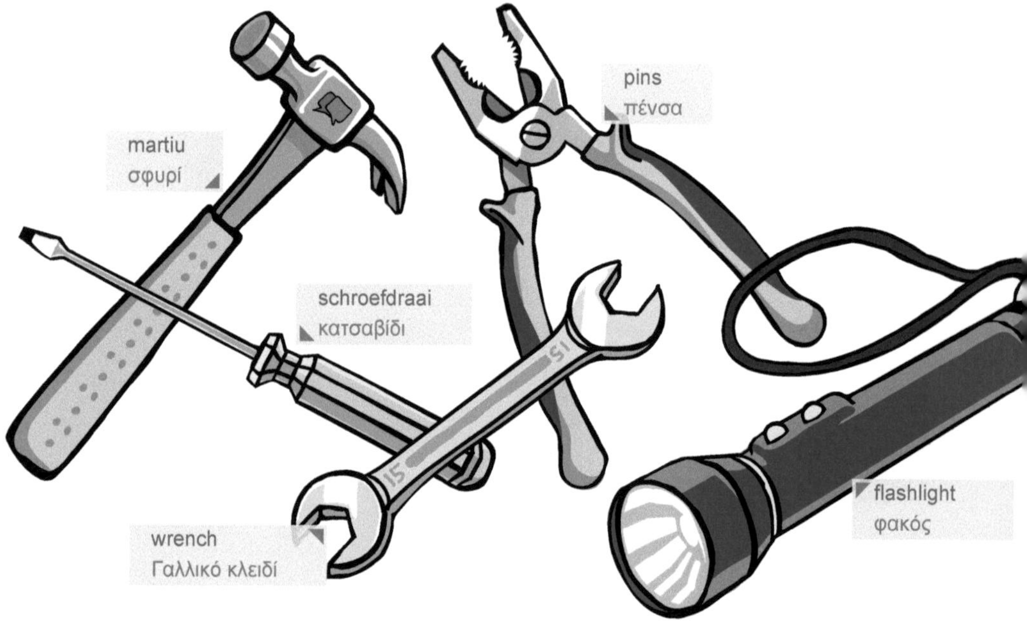

martiu
σφυρί
pins
πένσα
schroefdraai
κατσαβίδι
wrench
Γαλλικό κλειδί
flashlight
φακός

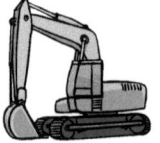

bulldozer

εκσκαφέας

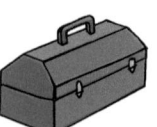

caha di herment

εργαλειοθήκη

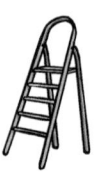

trapi

σκάλα

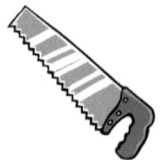

zaag

πριόνι

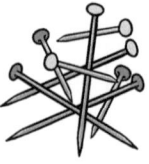

clabo

καρφιά

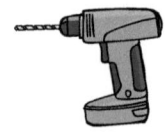

boormashin

τρυπάνι

drecha

επισκευάζω

shobel

φτυάρι

caraho!

Να πάρει!

scop

φαράσι

bleki di verf

δοχείο χρωμάτων

schroef

βίδες

instrumento musical
μουσικά όργανα

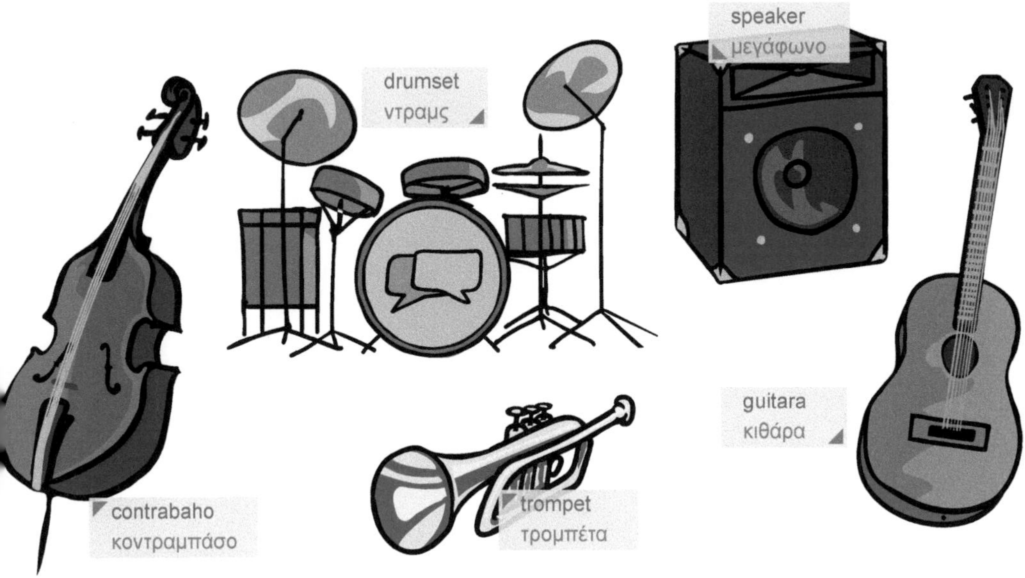

speaker
μεγάφωνο

drumset
ντραμς

guitara
κιθάρα

contrabaho
κοντραμπάσο

trompet
τρομπέτα

piano

πιάνο

fio

βιολί

baho

μπάσο

timbal

τύμπανα

tambu

τύμπανο

keyboard

πλήκτρα

saxofon

σαξόφωνο

fluit

φλάουτο

microfon

μικρόφωνο

instrumento musical - μουσικά όργανα

parke di bestia
ζωολογικός κήπος

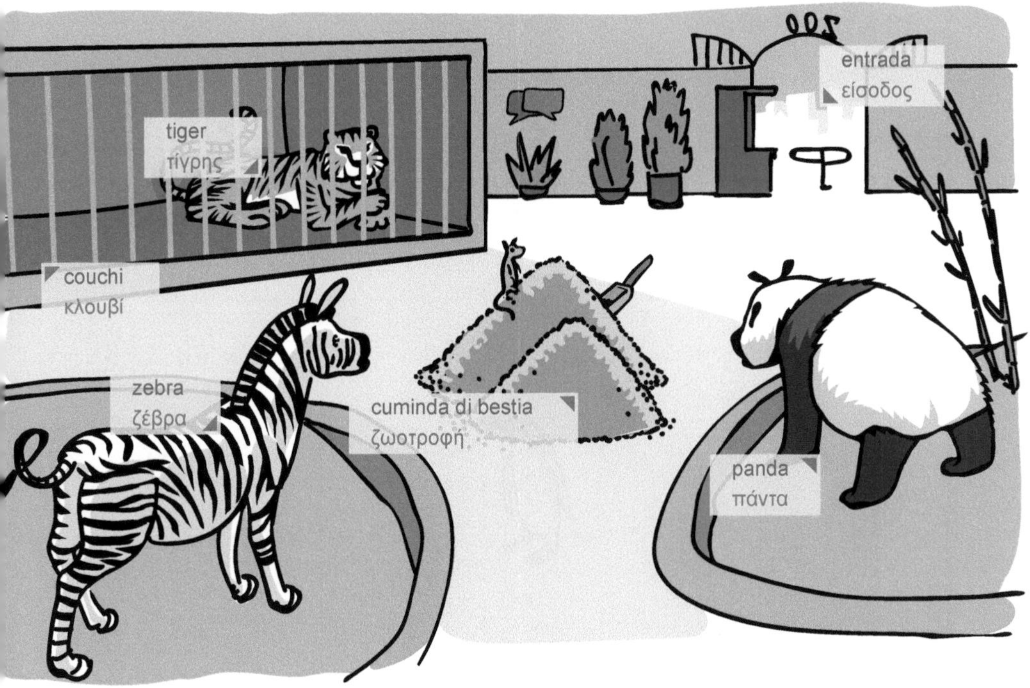
entrada
είσοδος
tiger
τίγρης
couchi
κλουβί
zebra
ζέβρα
cuminda di bestia
ζωοτροφή
panda
πάντα

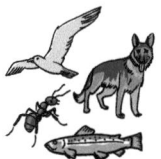

animal

ζώα

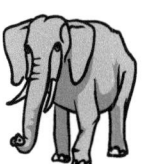

olifante

ελέφαντας

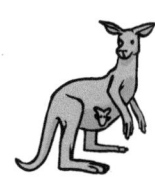

cangaru

καγκουρό

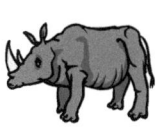

neushoorn

ρινόκερος

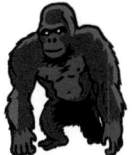

gorila

γορίλας

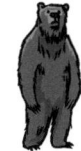

beer

αρκούδα

camel

καμήλα

avestruz

στρουθοκάμηλος

leon

λιοντάρι

macaco

πίθηκος

flamingo

φλαμίνγκο

lora

παπαγάλος

beer polar

πολική αρκούδα

pinguin

πιγκουίνος

tribon

καρχαρίας

pauwies

παγώνι

colebra

φίδι

caiman

κροκόδειλος

cuidado di bestia

φύλακας ζωολογικού κήπου

cacho di awa

φώκια

jaguar

τζάγκουαρ

pony

πόνυ

leopardo

λεοπάρδαλη

hipopotamo

ιπποπόταμος

giraf

καμηλοπάρδαλη

aguila

αετός

porco di mondi

αγριογούρουνο

pisca

ψάρι

turtuga

χελώνα

walrus

θαλάσσιος ίππος

vos

αλεπού

gazelle

γαζέλα

futbol Americano
Αμερικάνικο ποδόσφαιρο

ciclismo
ποδηλασία

tennis
αντισφαίριση

basketball
μπάσκετ

landamento
κολύμβηση

boxeo
πυγχαμία

ice hockey
χόκεϋ επί πάγου

futbol	badminton	atletismo
ποδόσφαιρο	μπάντμιντον	στίβος

handbal	ski	polo
χάντμπολ	σκι	πόλο

actividad
δραστηριότητες

hari
γελάω
bula
πηδάω
brasa
αγκαλιάζω
cana
περπατάω
canta
τραγουδάω
soña
ονειρεύομαι
resa
προσεύχομαι
sunchi
φιλάω

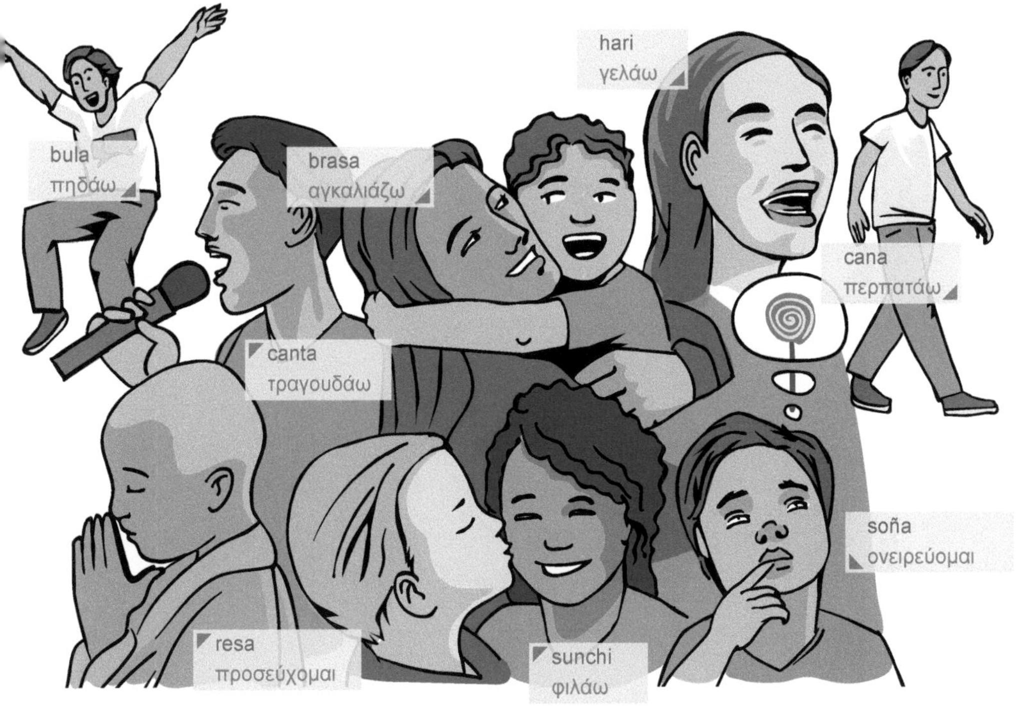

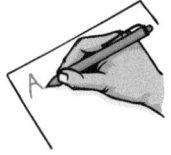

skirbi
γράφω

pinta
σχεδιάζω

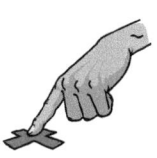

mustra
δείχνω

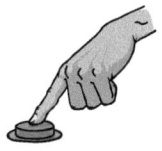

primi
πιέζω

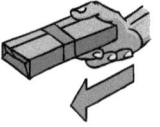

duna
δίνω

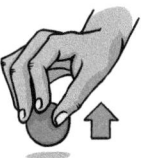

coy
παίρνω

tin

έχω

haci

κάνω

ta

είμαι

para

στέκομαι

core

τρέχω

ranca

τραβάω

tira

ρίχνω

cay

πέφτω

drumi

ξαπλώνω

warda

περιμένω

carga

κουβαλώ

sinta

κάθομαι

bisti

φοράω

drumi

κοιμάμαι

lanta fo'i soño

ξυπνάω

mira

κοιτάω

yora

κλαίω

caricia

χαϊδεύω

peña

χτενίζω

papia

μιλάω

compronde

καταλαβαίνω

puntra

ρωτάω

scucha

ακούω

bebe

πίνω

come

τρώω

ruim op

συγυρίζω

stima

αγαπάω

cushna

μαγειρεύω

bai

οδηγώ

bula

πετάω

zeilo

κάνω ιστιοπλοΐα

conta

υπολογίζω

lesa

διαβάζω

siña

μαθαίνω

traha

δουλεύω

casa

παντρεύομαι

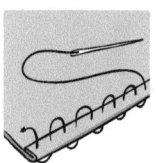

cose

ράβω

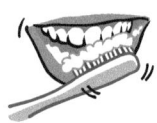

skeiro djente

βουρτσίζω τα δόντια

mata

σκοτώνω

huma

καπνίζω

manda

στέλνω

wela
γιαγιά

welo
παππούς

tata
πατέρας

baby
μωρό

mama
μητέρα

yiu muhe
κόρη

yiu homber
γιος

huesped

καλεσμένος

tanta

θεία

omo

θείος

ruman homber

αδελφός

ruman muhe

αδελφή

curpa
σώμα

frenta
μέτωπο
wowo
μάτι
schouder
ώμος
dede
δάχτυλο
cara
πρόσωπο
cachete
πιγούνι
man
χέρι
pia
πόδι
pecho
στήθος
brasa
βραχίονας

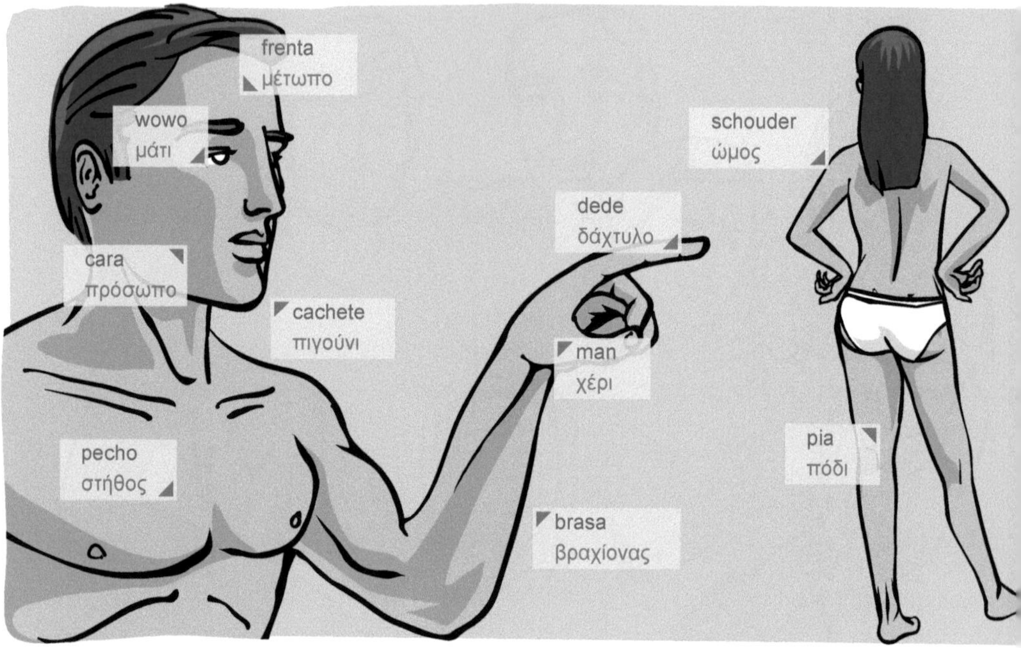

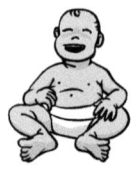

baby
μωρό

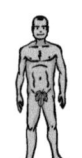

homber
άνδρας

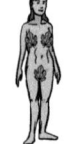

muhe
γυναίκα

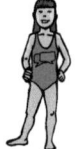

mucha muhe
κορίτσι

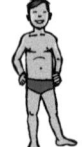

mucha homber
αγόρι

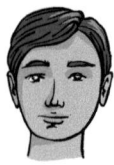

cabes
κεφάλι

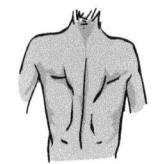

lomba

πλάτη

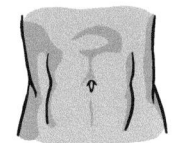

bariga

κοιλιά

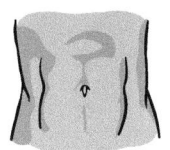

lombrishi

αφαλός

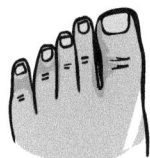

dede di pia

δάχτυλο ποδιού

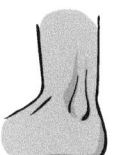

hilchi

φτέρνα

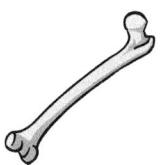

weso

κόκκαλο

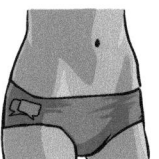

heup

γοφός

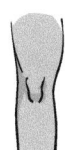

rudia

γόνατο

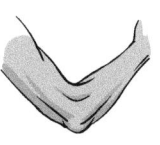

elleboog

αγκώνας

nanishi

μύτη

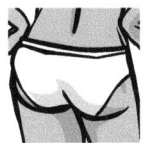

chanchan

γλουτός

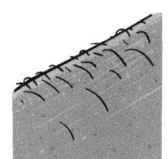

cuero

δέρμα

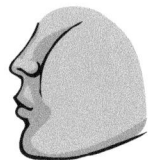

wang

μάγουλο

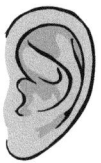

horea

αυτί

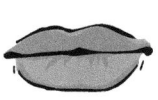

lip

χείλος

curpa - σώμα

boca

στόμα

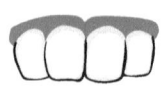

djente

δόντι

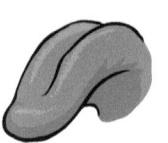

lenga

γλώσσα

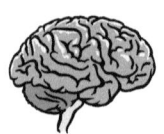

celebro

εγκέφαλος

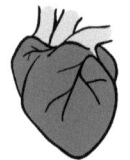

curason

καρδιά

musculo

μυς

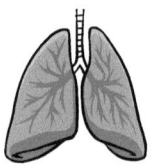

pulmon

πνεύμονας

higra

συκώτι

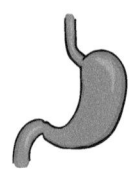

stoma

στομάχι

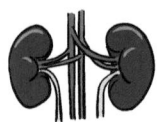

nier

νεφρά

sex

σεξουαλική επαφή

condon

προφυλακτικό

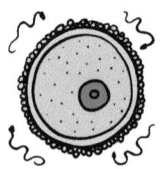

ovulo

ωάριο

sperma

σπέρμα

embaraso

εγκυμοσύνη

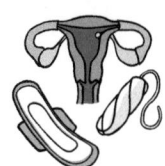

menstruacion

περίοδος

vagina

γυναικείος κόλπος

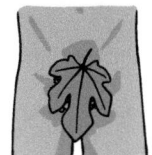

penis

πέος

wenkbrauw

φρύδι

cabey

μαλλιά

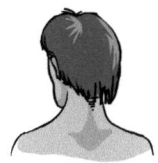

nek

λαιμός

hospital
νοσοκομείο

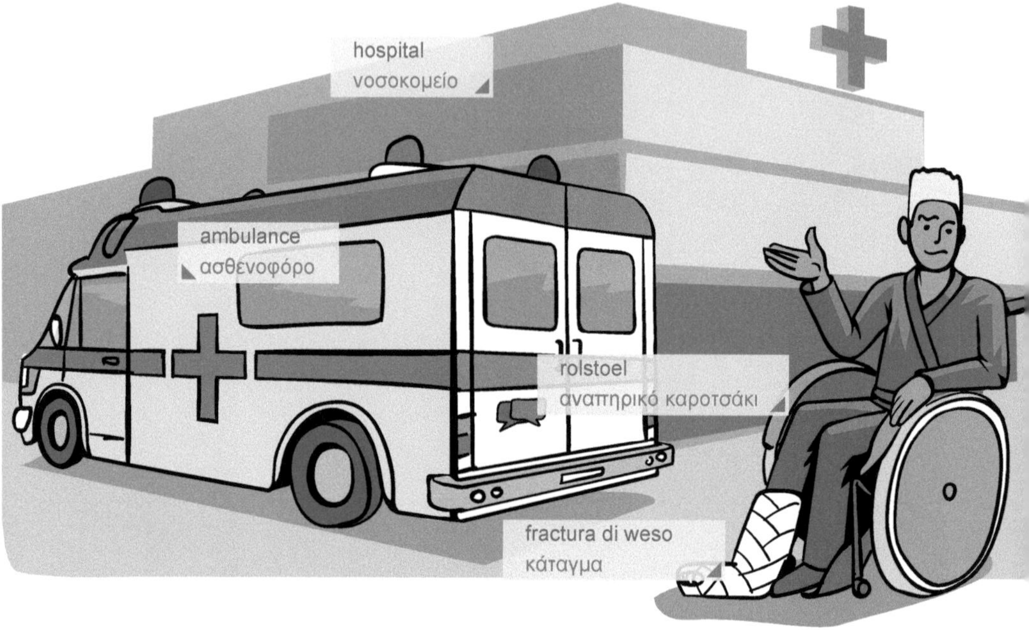

hospital
νοσοκομείο
ambulance
ασθενοφόρο
rolstoel
αναπηρικό καροτσάκι
fractura di weso
κάταγμα

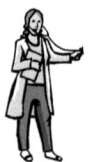

dokter
γιατρός

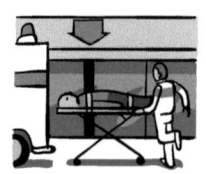

EHBO (prome asistencia/eerste hulp)
μονάδα εντατικής θεραπείας

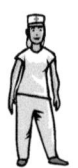

nurse
νοσοκόμα

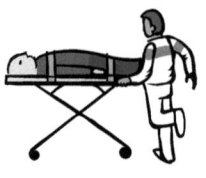

caso di emergencia
έκτακτη ανάγκη

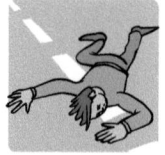

fo'i tino
λιπόθυμος

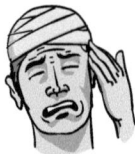

dolor
πόνος

lesion

τραύμα

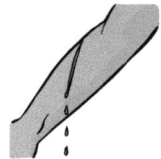

sangramento

αιμορραγία

ataca di curason

έμφραγμα

ataca celebral

εγκεφαλικό

alergia

αλλεργία

tosa

βήχας

keintura

πυρετός

griep

γρίπη

diarea

διάρροια

dolor di cabes

πονοκέφαλος

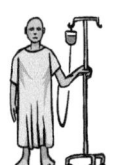

cancer

καρκίνος

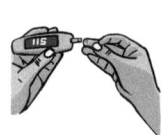

diabetes

διαβήτης

ciruhano

χειρουργός

scalpel

νυστέρι

operacion

εγχείρηση

CT

αξονική τομογραφία

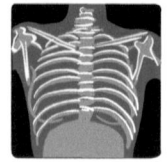

x-ray

ακτινογραφία

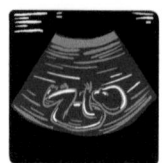

echo

υπέρηχος

masker contra stof

μάσκα

malesa

ασθένεια

sala di espera

αίθουσα αναμονής

kruk

πατερίτσα

pleister

χάνσαπλαστ

verband

επίδεσμος

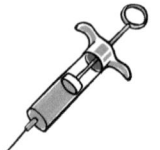

inyeccion

ένεση

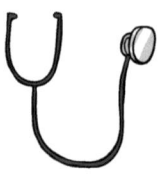

stetoscop

στηθοσκόπιο

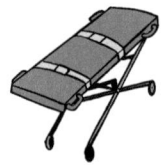

brancard

φορείο

thermometer

θερμόμετρο

nacemento

γέννηση

sobrepeso

υπέρβαρο

aparato pa oido

ακουστικό βαρηκοΐας

desinfectante

αντισηπτικό

infeccion

λοίμωξη

virus

ιός

HIV / AIDS

HIV/AIDS

remedi

φάρμακο

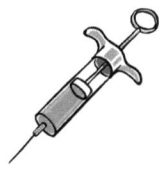

vacuna

εμβολιασμός

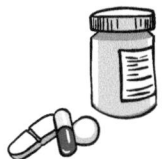

pilder

δισκία

pilder

χάπι

yamada di emergencia

κλήση έκτακτης ανάγκης

aparato pa midi presion

πιεσόμετρο αίματος

malo / saludabel

άρρωστος / υγιής

auxilio!	alarma	atraco
Βοήθεια!	συναγερμός	βιαιοπραγία
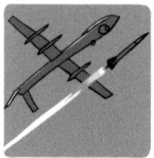		
atake	peliger	salida di emergencia
επίθεση	κίνδυνος	έξοδος κινδύνου

candela	brandspuit	desgracia
Φωτιά!	πυροσβεστήρας	ατύχημα
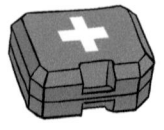		
caha di prome asistencia	SOS	polis
κουτί πρώτων βοηθειών	SOS	αστυνομία

Europa

Ευρώπη

Noord America

Βόρεια Αμερική

Sur America

Νότια Αμερική

Africa

Αφρική

Asia

Ασία

Australia

Αυστραλία

Oceano Atlantico

Ατλαντικός Ωκεανός

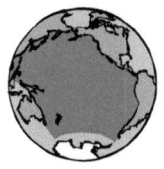

Oceano Pacifico

Ειρηνικός Ωκεανός

Oceano Indio

Ινδικός Ωκεανός

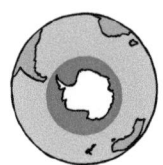

Oceano Antartico

Ανταρκτικός Ωκεανός

Oceano Artico

Αρκτικός Ωκεανός

Noordpool

Βόρειος Πόλος

Zuidpool

Νότιος Πόλος

Antartica

Ανταρκτική

mundo

Γη

tera

γη

lama

θάλασσα

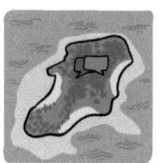

isla

νησί

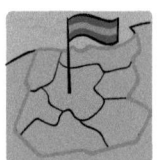

nacion

έθνος

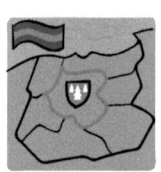

estado

πολιτεία

holoshi analog

καντράν ρολογιού

wijzer chikito

ωροδείκτης

wijzer grandi

λεπτοδείκτης

wijzer di seconde

δείκτης δευτερολέπτων

Cuant'or tin?

Τι ώρα είναι;

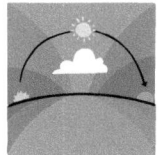

dia

ημέρα

tempo

χρόνος

awor

τώρα

holoshi digital

ψηφιακό ρολόι

minuut

λεπτό

ora

ώρα

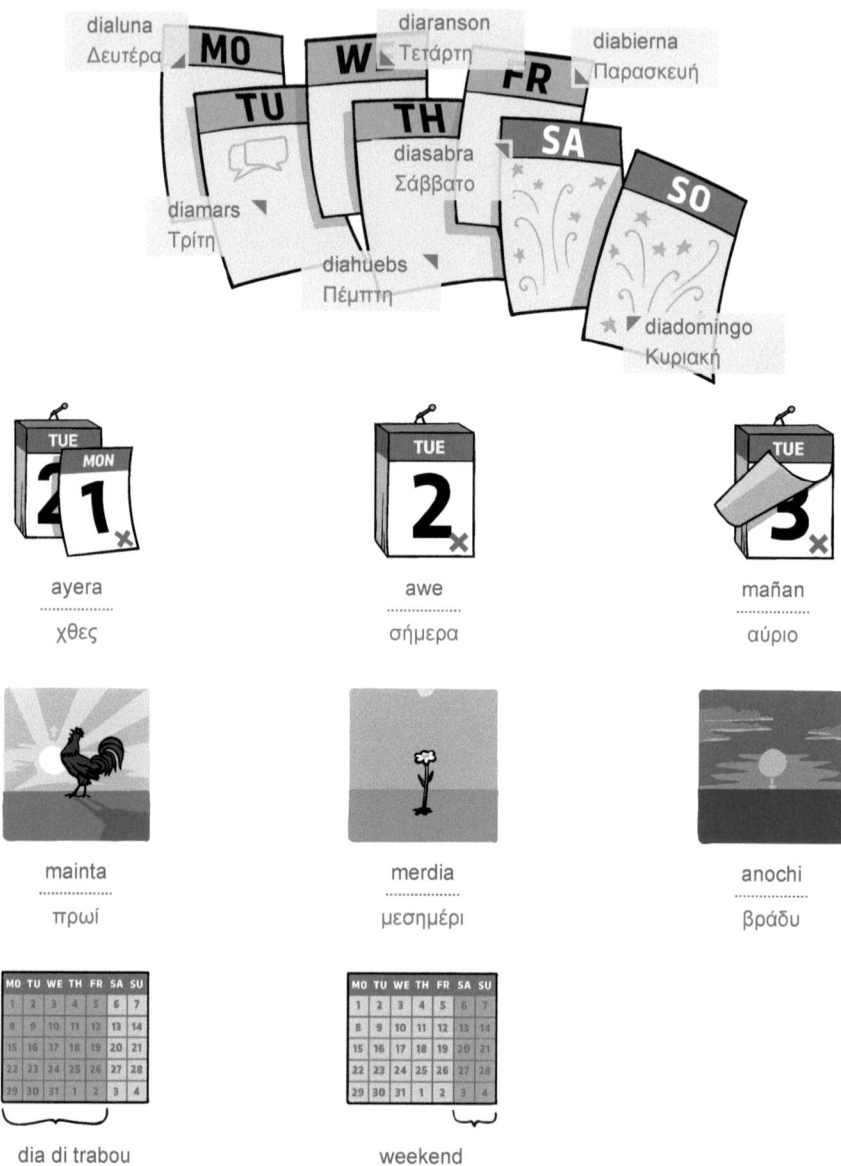

dialuna
Δευτέρα

diaranson
Τετάρτη

diabierna
Παρασκευή

diamars
Τρίτη

diasabra
Σάββατο

diahuebs
Πέμπτη

diadomingo
Κυριακή

ayera
χθες

awe
σήμερα

mañan
αύριο

mainta
πρωί

merdia
μεσημέρι

anochi
βράδυ

dia di trabou
εργάσιμες ημέρες

weekend
Σαββατοκύριακο

aña
έτος

awacero
βροχή
arco iris
ουράνιο τόξο
sneeuw
χιόνι
biento
άνεμος
lente
άνοιξη
herfst
φθινόπωρο
zomer
καλοκαίρι
winter
χειμώνας

4.APRIL 11°
5.APRIL 4°
6.APRIL 13°
7.APRIL 8°
8.APRIL 10°

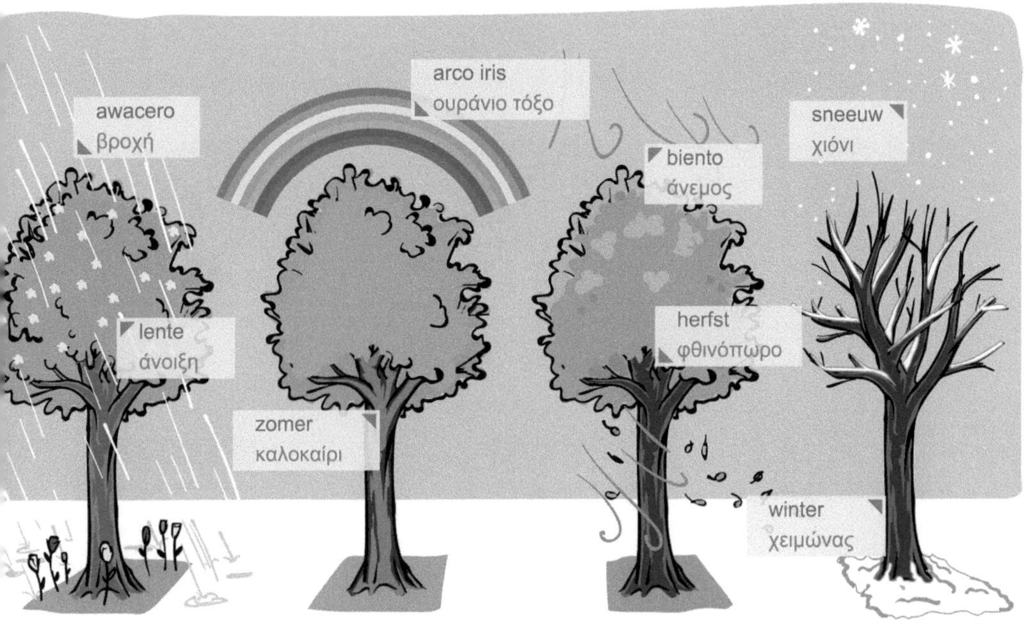

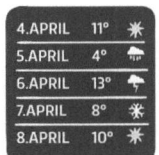

pronostico di tempo
....
πρόγνωση καιρού

F C
120 40
90 30
60 20
30 10
0 0
-30 -10
-20

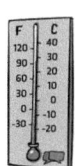

thermometer
....
θερμόμετρο

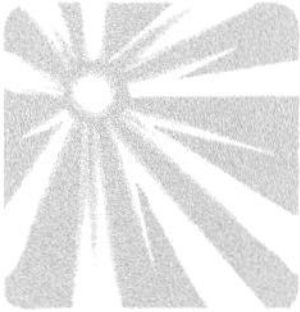

solo ta briya
....
λιακάδα

nubia
....
σύννεφο

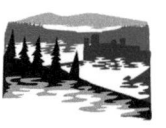

neblina
....
ομίχλη

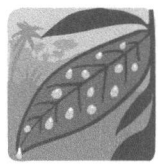

humedad
....
υγρασία

lamper

αστραπή

strena

κεραυνός

mal tempo

καταιγίδα

hagel

χαλάζι

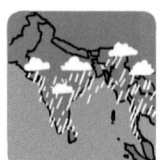

mal tempo

μουσώνας

inundacion

πλημμύρα

ijs

πάγος

januari

Ιανουάριος

februari

Φεβρουάριος

maart

Μάρτιος

april

Απρίλιος

mei

Μάιος

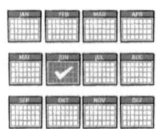

juni

Ιούνιος

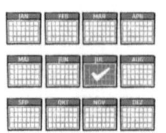

juli

Ιούλιος

augustus

Αύγουστος

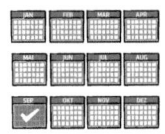

september
Σεπτέμβριος

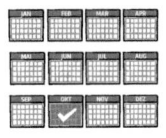

october
Οκτώβριος

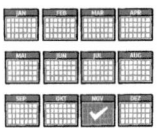

november
Νοέμβριος

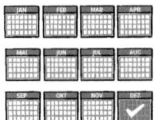

december
Δεκέμβριος

forma
σχήματα

circulo
κύκλος

cuadra
τετράγωνο

rectangulo
ορθογώνιο
παραλληλόγραμμο

triangulo
τρίγωνο

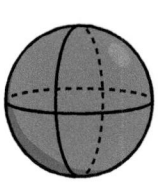

bol
σφαίρα

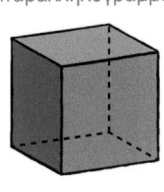

kubus
κύβος

blanco

άσπρο

geel

κίτρινο

oraño

πορτοκαλί

ros

ροζ

cora

κόκκινο

biña

μωβ

blauw

μπλε

berde

πράσινο

bruin

καφέ

shinishi

γκρι

preto

μαύρο

hopi / tiki

πολύ / λίγο

rabia / trankil

θυμωμένος / ήρεμος

bunita / mahos

όμορφος / άσχημος

comienso / final

αρχή / τέλος

grandi / chikito

μεγάλος / μικρός

cla / scur

φωτεινός / σκοτεινός

ruman homber / ruman muhe

αδελφός / αδελφή

limpi / sushi

καθαρός / λερωμένος

completo / incompleto

πλήρης / ατελής

dia / anochi

ημέρα / νύχτα

morto / bibo

νεκρός / ζωντανός

hancho / smal

φαρδύς / στενός

comibel / incomibel

βρώσιμος / μη βρώσιμος

mal hende / bon hende

κακός / ευγενικός

ansioso / ferfela bo mes

ενθουσιασμένος / βαριεστημένος

gordo / flaco

παχύς / λεπτός

prome / ultimo

πρώτος / τελευταίος

amigo / enemigo

φίλος / εχθρός

yen / bashi

γεμάτος / άδειος

duro / moli

σκληρός / μαλακός

pisa / lihe

βαρύς / ελαφρύς

hamber / sed

πείνα / δίψα

malo / saludabel

άρρωστος / υγιής

ilegal / legal

παράνομος / νόμιμος

inteligente / sabi

έξυπνος / χαζός

robes / drechi

αριστερός / δεξιός

cerca / leu

κοντινός / μακρινός

nobo / uza

καινούριος /
μεταχειρισμένος

nada / algo

τίποτα / κάτι

bieu / jong

γέρος | νέος

cendi / paga

αναμμένος / σβηστός

habri / cera

ανοιχτός / κλειστός

keto / duro

χαμηλόφωνος /
μεγαλόφωνος

rico / pober

πλούσιος / φτωχός

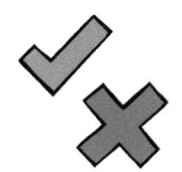

bon / fout

σωστός / λανθασμένος

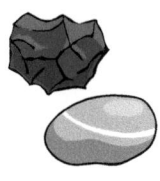

grof / liso

τραχύς / λείος

tristo / contento

λυπημένος / χαρούμενος

cortico / largo

κοντός / μακρύς

pocopoco / lihe

αργός / γρήγορος

muha / seco

υγρός / στεγνός

cayente / friu

ζεστός / δροσερός

guera / paz

πόλεμος / ειρήνη

0	**1**	**2**
cero	un	dos
μηδέν	ένα	δύο

3	**4**	**5**
tres	cuater	cinco
τρία	τέσσερα	πέντε

6	**7**	**8**
seis	shete	ocho
έξι	εφτά	οκτώ

9	**10**	**11**
nuebe	dies	diesun
εννιά	δέκα	έντεκα

12

diesdos

δώδεκα

13

diestres

δεκατρία

14

diescuatro

δεκατέσσερα

15

diescinco

δεκαπέντε

16

diesseis

δεκαέξι

17

diesshete

δεκαεφτά

18

diesocho

δεκαοκτώ

19

diesnuebe

δεκαεννέα

20

binti

είκοσι

100

shen

εκατό

1.000

mil

χίλια

1.000.000

miyon

εκατομμύριο

Ingles

Αγγλικά

Ingles Mericano

Αμερικάνικα Αγγλικά

Chines Mandarin

Μανδαρίνικα Κινέζικα

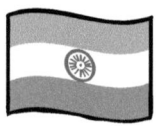

Hindi

Χίντι

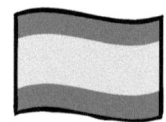

Spaño

Ισπανικά

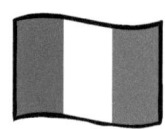

Frances

Γαλλικά

Arabe

Αραβικά

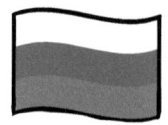

Ruso

Ρώσικα

Portugues

Πορτογαλικά

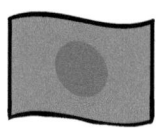

Bengal

Μπενγκάλι

Aleman

Γερμανικά

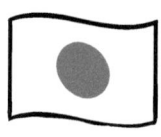

Hapones

Ιαπωνικά

ami
εγώ

abo
εσύ

e
αυτός / αυτή / αυτό

nos
εμείς

boso
εσείς

nan
αυτοί / αυτές / αυτά

ken?
ποιος / ποια / ποιο;

kico?
τι;

con?
πώς;

unda?
πού;

ki ora?
πότε;

nomber
όνομα

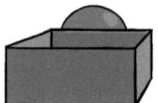

patras

πίσω

den

μέσα

dilanti di

μπροστά

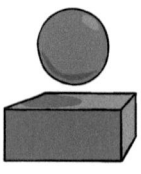

ariba

πάνω από

riba

πάνω

bou di

κάτω

banda di

δίπλα

entre

ανάμεσα

luga

μέρος